Peter-Michael Schulz

Interkulturelle Pflege. Migrantengerechte Modelle in der Pflegepraxis

GRIN Verlag

Bibliografische Information der Deutschen Nationalbibliothek:

Die Deutsche Bibliothek verzeichnet diese Publikation in der Deutschen National-
bibliografie; detaillierte bibliografische Daten sind im Internet über http://dnb.d-
nb.de/ abrufbar.

Impressum:

Copyright © 2002 GRIN Verlag GmbH
Druck und Bindung: Books on Demand GmbH, Norderstedt Germany
ISBN: 978-3-638-64918-6

Dieses Buch bei GRIN:

http://www.grin.com/de/e-book/26818/interkulturelle-pflege-migrantengerechte-
modelle-in-der-pflegepraxis

Alice- Salomon- Fachhochschule   Februar 2002
Studiengang Pflege/ Pflegemanagement

Interkulturelle Pflege
Referat zu Monika Habermann: „Pflegebedürftig in der Fremde?"

Angefertigt von: Peter-Michael Schulz

Lehrveranstaltung: Pflege – 2. Semester LVA 9201
                          Interkulturelle und ethische Kompetenz
                          in der Pflege

Inhalt:

1. Einleitung

Die Pflege und mit ihr die in Deutschland noch sehr junge Pflegewissenschaft hat sich in den letzten Jahren rasant entwickelt. Mit ihr wuchs, bzw. wächst der Anspruch eine bessere, bedürfnisgerechtere Pflege zu leisten und zu entwickeln. Die alltägliche Konfrontation mit anderen Kulturen ist in der Pflege dagegen nicht neu, wohl aber das breiter werdende Bewußtsein dieser Anforderung nicht zu genügen. Insbesondere die Anforderung auf die spezifischen Bedürfnisse von Migranten angepasster, situations- und kontextgerechter eingehen zu können, kann meist nicht erfüllt werden und führt bei den meisten Pflegekräften zur Frustration und Verunsicherung.

Auch in den anderen Wissenschaftsgebieten, wie Medizin oder Sozialwissenschaft wurde das Thema Migration und Gesundheitsrisiko lange nur randständig behandelt. Nun aber ist das Problembewusstsein (z.B. zur Globalisierung, zur demografischen Entwicklung, zum tägl. Rassismus) spürbar gewachsen. Nachdem in der Pflege Madeleine Leininger mit der Entwicklung der Theorie der Transkulturellen Pflege und der kulturellen Fürsorge zunächst als „Pionierin" lange Zeit federführend war, nehmen nun sich zunehmend auch andere Pflegewissenschaftler dieses Thema an, bzw. werden jetzt auch neue, andere oder weiterentwickelte Theorien, bzw. Forschungsergebnisse veröffentlicht. So veröffentlichte auch Dr. Monika Habermann, derzeit Professorin für Pflegewissenschaft an einer Fachhochschule in Bremen, 1998 ihren Beitrag: „Pflegebedürftig in der Fremde? Zur Theorie und Praxis der interkulturellen Pflege". Ihr Text untersucht insbesondere die pflegespezifischen Bemühungen für eine migrantengerechtere Pflege.

Im Rahmen eines Referats möchte ich Habermanns Text vorstellen, den Inhalt und die Positionen etwas näher erläutern und anschaulich machen. Zunächst werde ich kurz die Autorin vorstellen. Im Hauptteil möchte ich die von Habermann aufgezeigten typischen Probleme der derzeitigen interkulturellen Pflegesituation vortragen. Die beiden folgenden Themen sind Habermanns pflegewissenschaftliche Auseinandersetzung zum Modell von Leininger und ihre Vorschläge und möglichen Strategien zur besseren interkulturellen Pflegesituation.

Vor der zusammenfassenden Schlussbetrachtung werde ich noch weitere Überlegungen zu der Fragestellung: "Was beinhaltet denn eigentlich individuelle, migrantengerechte Pflegekompetenz?" einbringen und in diesem Kontext das "Transkulturelle Kompetenzmodell" von Domenig vorstellen.

2. Die Autorin

 Die Autorin Prof. Dr. Monika Habermann ist ausgebildete Krankenschwester, Ethnologin und Sozialwissenschaftlerin. Zur Zeit ist sie als Professorin für Pflegewissenschaft am „Internationalen Studiengang Pflegmanagement" der Fachhochschule Bremen beschäftigt.

Hier einige Eckdaten zu ihrer Person (Trockel, B., 1999, S. 188- 190):

- ➤ 1976   Abitur
- ➤ 1977-1980   Ausbildung zur exam. Krankenschwester an der Schwesternschule der Universität Heidelberg
- ➤ 1980- 1984   Arbeit als Krankenschwester an der Universitätsklinik in Heidelberg
- ➤ ab 1984   Studium der Ethnologie im Hauptfach und im Nebenfach: Soziologie und Psychologie
- ➤ 1986- 1992   Mitarbeit in der Gesundheitssystemforschung an der Universität Heidelberg, Arbeitsgruppe Kulturvergleichende med. Anthropologie
- ➤ 1992-1995   Dozentin an Aus- und Weiterbildungsinstituten
- ➤ 1994   Abschluss des Promotionsverfahrens
- ➤ 1995-1995   Leiterin des Evangelischen Fachseminars Karlsruhe-Rüppurr/ Fort und Weiterbildungsinstitut für Pflegende
- ➤ seit 1998   Professorin für Pflegewissenschaft an der Hochschule Bremen

Habermann arbeitete unter anderem an Projekten mit folgenden Themen:

- Krankheit und Wege zur Heilung aus der Perspektive der Betroffenen
- Interdiszipliarität (Medizin - Ethnologie) in der curricularen Entwicklung
- Interkulturelles Management in Pflegeeinrichtungen
- Aus forschungsbezogener und curricularer Perspektive das Spannungsfeld „Ethik und Pflegemanagement
- u.a.

In den 90er Jahren wurden einige ihrer Texte (meist in Fachzeitschriften) veröffentlicht. Hier möchte ich nur einige erwähnen:

1995 „Man muss es halt glauben". Magische Heilformen aus der Klienten-
perspektive (med.-ethnol. Studie in der BRD), Verlag für Wissenschaft
und Bildung

1996 Vom Umgang mit dem Fremden – der Beitrag der Ethnologie zur Pflege
In: Pflege, 2, S. 127-134

1998 Pflegebedürftig in der Fremde. Zur Theorie und Praxis der
interkulturellen Pflege, In: David, M., Borde, Theda, Kentenich, Heribert
(Hrsg.): Migration und Gesundheit, Frankfurt: Mabuse, S. 153- 166

3. Aufbau und Struktur des Textes

Unser zu behandelnder Text „Pflegebedürftig in der Fremde? Zur Theorie und Praxis der interkulturellen Pflege" von Monika Habermann erschien als Fachaufsatz 1998 in David, Borde, Kentenich (Hrsg.): „Migration und Gesundheit, Zustandsbeschreibung und Zustandsmodelle" im Mabuse-Verlag. Sämtliche im Referat folgende Zitate stammen, wenn nicht anders gekennzeichnet, aus diesem Text und werden von mir, zwecks besserer Übersicht, nur noch mit der Abkürzung „H." und der Seitenzahl angegeben.

Monika Habermann möchte mit ihrem Beitrag die Pflege, insbesondere die interkulturelle Pflege kritisch untersuchen. Dabei setzt sie inhaltlich drei Schwerpunkte. Zunächst benennt sie einige der aktuellen Probleme in der interkulturellen Pflegesituation. Als nächstes nimmt sie Stellung in der pflegewissenschaftlichen Auseinandersetzung. Hier geht sie insbesondere auf den Kulturbegriff Leiningers näher ein. Im letzten Abschnitt widmet Habermann sich möglichen Strategien und Modellen, welche zu einer Verbesserung der interkulturellen Pflege führen sollten.

Die Zielgruppe ihrer Arbeit sind neben den Pflegenden auch die Nichtpflegenden, welchen sie spezifische Problemstellungen, pflegewissenschaftliche Annäherungen und Zielvorstellungen verdeutlichen möchte. Für die Pflegenden soll der Beitrag eher eine Zusammenfassung über relevante Forschungen und zentrale Fragestellungen geben. Stationäre und ambulante Versorgungssituationen werden von ihr gleichermaßen mit einbezogen.

4. Typische Probleme der derzeitigen interkulturellen Pflegesituation

Zunächst möchte ich den ersten Schwerpunkt, die dargestellten typischen Probleme der interkulturellen Pflegesituation darstellen.

Die Autorin benennt und analysiert hier:
➢ Die Kommunikationsproblematik
➢ Die Differenzen im Pflegeverständnis. Die Probleme der interkulturellen Pflegesituation aus der Sicht der Migranten
➢ Die interkulturelle Pflegekompetenz und das interkulturelle Kompetenzmodell.
Diese Problemdarstellungen werde ich nun erläutern:

4.1. Kommunikationsprobleme

Sprachliche Kommunikationsprobleme sind laut Habermann ein schwerwiegendes Haupt-
problem der interkulturellen Pflege. Eine anspruchsvolle, als professionell erachtete Pflege
wird so in mehrfacher Hinsicht in Frage gestellt, denn:

- Die Entfaltung einer kommunikativ begründeten Pflegebeziehung wird erschwert
  oder ist unmöglich.

- Ohne kommunikative Sicherung, ohne Berücksichtigung der Sicht von Patienten/ Angehörigen, verkommt der "Pflegeprozess" zu einer bloßen Sammlung von
  Expertenaussagen und pflegerischen Zielvorstellungen!

- Aufgrund eingeschränkter Kommunikation, verbringen Pflegende weniger Zeit bei
  Pflegemaßnahmen mit nicht deutsch- sprechenden Migranten.

- Während der Pflegeroutine unterbleibt bei Migranten oft das vertrauensstiftende All-
  tagsgespräch als "Vertrauensbildende Maßnahme".

- Weitere Kommunikationsprobleme entstehen durch den Mangel an migrationsspezifi-
  schen Wissen der Pflegenden und führen zur Verunsicherung bei der Wahrnehmung
  von unterschiedlichen Wertorientierungen und Verhaltensnormen. (H., S. 154-155)

4.2. Differenzen im Pflegeverständnis

Zwischen Patienten, Angehörigen und Pflegenden existieren nicht selten unterschiedliche
Auffassungen von "Pflege", sowie von der Rolle der Pflegepersonen.
Im internationalen Vergleich werden folgende grundlegende Fragen oft recht unterschiedlich
beantwortet: "Was ist die angemessene, die gute Pflege? Wer führt diese Pflege für wen
durch? und: Welche Rollen- und Statusbeziehungen ergeben sich daraus zwischen Pflegenden
und Gepflegten?" (H., S.155) Gibt es schon bei einheimischen Patienten und Pflegenden ein
unterschiedliches Pflegeverständnis, so ist es durchaus verständlich, wenn nichtdeutsche
Klienten, mit einer völlig anderen Biographie und einer anderen Sozialisation, eine andere
Pflege erwarten. Rollenangebote und Erwartungshaltungen zwischen Pflegenden und Gepflegten sind oft einfach nicht kongruent zueinander. Missverständnisse und unerfüllte
Erwartungen sind somit die Folge. Habermann bringt hier u.a. ein Beispiel aus der ambulan-
ten Pflege an, wo nicht selten ältere Migranten der Krankenschwester eine Art Tochterrolle
zuweisen, da bisher biographisch professionell Pflegende in der häuslichen Versorgung einfach unbekannt sind, bzw. einfach im bisherigen Leben nie vorkamen. (H., S. 155) Auch neue

oder alternative Pflegetechniken, wie z.B. die Pflege nach Bobath, können unter Umständen ganz anders erlebt und aufgenommen werden und eine völlig andere Wirkung entwickeln (Bobath-Pflege ist u.a. relativ Körperkontakt-Intensiv). Wichtig ist, laut Habermann, dass eine eventuell mangelnde Akzeptanz erkannt wird, also von den Pflegenden die Patientenperspektive berücksichtigt wird, und diese Erkenntnisse in sämtlichen Aspekten des Pflegeprozesses einbezogen werden. Bewährte und gute Pflegetechniken sollten dennoch, durch Einbeziehung und Anpassung an die individuellen Bedürfnisse, angewendet werden und nicht verloren gehen. (H., S. 156)

4.3. Probleme der derzeitigen interkulturellen Pflegesituation aus der Sicht der Migranten

Bisher wurden die Probleme aus der Sicht der Pflegenden besprochen. Diese Schwierigkeiten wirken sich aber natürlich auch auf das Erleben der Patienten aus. (H., S. 156) Habermann verweist hier auf die Frankfurter Studie von Hunstein und Dreut. (Hunstein und Dreut, 1997, S. 252-257) Migranten fühlen sich während der pflegerischen Behandlung oft unzureichend verstanden und möglicherweise pflegerisch unzureichend und schlechter betreut als inländische Patienten. Defizite in der interkulturellen Versorgung werden zuweilen auch als Ausdruck einer politisch oder rassistisch motivierten Ausländerfeindlichkeit interpretiert. Fordern ausländische Patienten selbstbewusst zusätzliche Erklärungen oder Übersetzungen, dann gelten sie schnell als „Störenfried" oder „Nörgler". (H., S. 156) Die durch Sprachdefizite ohnehin eingeschränkte Kommunikation wird durch unausgesprochene Probleme und Missverständnisse nahezu unmöglich gemacht. "Eine von Vertrauen getragene Zusammenarbeit... scheint angesichts einer so geprägten Wahrnehmung und Interpretation nur sehr eingeschränkt möglich."(H., S. 156)

4.4. Die interkulturelle Pflegekompetenz und das interkulturelle Kompetenzmodell

Habermann fasst die Defizite der derzeitigen interkulturellen Pflegepraxis anhand eines vierstufigen interkulturellen Kompetenzmodells zusammen, welches von Gerrish et al (1996) in Anlehnung an Howell (1982) entwickelt wurde. Die Autorin ordnet hier die interkulturelle Kompetenz der Pflegenden in Deutschland teilweise der Stufe eins und mehrheitlich der Stufe zwei zu. Für eine Zustandsbeschreibung der aktuellen, interkulturellen Pflege ist Habermanns Einordnung in das Pflegekompetenzmodell sehr hilfreich. Deshalb habe ich diese, zwecks besserer Überblickbarkeit, in eine Tabelle eingefügt:

Kompetenzstadien zur Interkulturellen Pflege	Auswirkungen auf die Interkulturelle Pflege	Einschätzung der inter-kulturellen Kompetenz der Pflegenden in Deutschland von Dr. Habermann
Stufe 1: Stadium der Unbewussten, nicht wissenden Inkompetenz	Pflege erfolgt routinemäßig. Interkultureller Klärungsbedarf wird nicht wahrgenommen.	Teilweise vorhanden
Stufe 2: Stadium der Wissenden Inkompetenz	Pflegenden ist der Kompetenzmangel bewusst, jedoch werden keine Lösungsmöglichkeiten gesehen. Mangel an strukturellen Voraussetzungen Mögliche Folge: "Freezing position" = resignierte Gleichgültigkeit Selbst verfügbare Mittel oder Kompetenzen werden nicht mehr aktiviert!	Mehrheitlich vorhanden
Stufe 3: Stadium der Bewussten Kompetenz	- wachsende Kompetenz im interkulturellen Pflege-Kontext - sicherer kulturübergreifender, selbstreflexiver Umgang mit Migranten	
Stufe 4: Stadium der Unbewussten Kompetenz	- persönl. Flexibilität und Anpassungsbereitschaft - vertieftes, kulturspezifisches Wissen	

Interkulturelles Kompetenzmodel (Quelle: Habermann, M., 1998, S. 156-157)

Pflegenden der Stufe eins ist, nach diesem Modell, der vorhandene Kompetenzmangel gar nicht bewusst. Die Pflege erfolgt routinemäßig, die Ursachen für auftretende Probleme mit ausländischen Klienten werden meist gar nicht gesucht oder erkannt. Ein interkultureller Klärungsbedarf wird einfach nicht wahrgenommen. (H., S. 158)

Die Stufe zwei ist das Stadium der wissenden Inkompetenz. Hier verfügen die Pflegenden zu diesem Thema durchaus über ein Problembewusstsein. Sie können aber keine Lösung herbei führen. Die strukturellen Arbeitsbedingungen werden nicht der Problematik angepasst. Die Pflegenden sind meist wegen der ungelösten Probleme frustriert und hilflos und zeigen zur Lösung kaum noch Engagement. (H., S. 156-157) Selbst vorhandene Hilfsmittel und Hilfen, wie Dolmetscherdienste, Wörterbücher, Symboltafeln, Weiterbildungen u.a. werden dann in dieser Phase („freezing position") einfach nicht mehr verwendet, vorhandene Kompetenzen (z.B. zur eigenverantwortlichen Gestaltung des Arbeitsablaufes) werden einfach nicht mehr genutzt. Diese beschriebene Gleichgültigkeit, in Folge eines nicht einlösbaren Anspruchs auf wirklich individuelle Pflege, ist auch mir, aus meiner pflegerischen Tätigkeit sehr vertraut.

Mitarbeiter sind einfach anhand der Probleme, die sie erkennen, frustriert, können und wollen (meist) aber nichts mehr an (z.B.) Strukturen ändern.

Die Stufen drei und vier kennzeichnen eine wachsende interkulturelle Pflegekompetenz, die zunächst bewusst ist und später immer stärker im Pflegealltag integriert und unbewusster wird.

Im Umgang mit Migranten herrscht dann Sicherheit auf der Basis von vertieften, kulturspezifischen Wissen.

.

5. Habermanns Kritik zu Leiningers Modell der „Transkulturellen Pflege"

Im nächsten Abschnitt setzt sich Habermann besonders intensiv und kritisch mit der „transkulturellen Pflegetheorie" Leiningers auseinander. Zunächst möchte ich diese Theorie kurz vorstellen:

Die amerikanische Pflegewissenschaftlerin und Anthropologin Madeleine Leininger ist seit den 60er Jahren eine wichtige Begründerin der „Transkulturellen Pflege". Sie legt in ihrem Modell den Schwerpunkt auf Analyse und vergleichendes Studium von unterschiedlichen Kulturen und Subkulturen im Hinblick auf deren Pflege- und Fürsorgeverhalten, deren Praktiken, Wertesystem, Gesundheits- und Krankheitsverständnis. Eine kulturspezifische und kulturübereinstimmende Pflege soll ermöglicht und erbracht werden, abgesichert durch ein wissenschaftlich fundiertes und humanistisches Wissen. (Georg, J.; Frowein, M., 1999, S.686). Mit dem Ziel einer kulturkompetenten Pflege innerhalb multikultureller Pflegebeziehungen geht es Leininger darum, "die Pflege als grundlegendes Phänomen aller Gesellschaften im Rahmen ethnologischer Theorie und Methode kulturvergleichend zu untersuchen." (Habermann, M., 1997, S. 55) Für Leininger bezieht sich die Kultur auf „die erlernten, mit anderen geteilten und tradierten Werte, Überzeugungen, Normen und Lebensweisen einer speziellen Gruppe, die deren Denken, Entscheidungen und Handlungen in vorgeprägter Weise steuern." (Alban, S.; Leininger, M.; Reynolds, C.L., 2000, S. 290) Kultur und Pflege sind hier untrennbar miteinander verbunden und sollte, laut Leininger, aufeinander abgestimmt sein. Sie entwickelte den Begriff der „Kulturellen Fürsorge", welcher sich bezieht „auf die kognitiv erlernten und weitergegebenen Werte, Überzeugungen und geprägten Lebensweisen, die für ein anderes Individuum oder eine andere Gruppe helfend, unterstützend, erleichternd oder befähigend wirken, um Wohlbefinden oder Gesundheit aufrechtzuerhalten, die menschliche Verfassung und Lebensweise zu verbessern oder mit Krankheit, Behinderung oder Tod umzugehen." (Alban, S.; Leininger, M.; Reynolds, C.L., 2000, S. 290)

Habermann fordert in ihrem Beitrag eine neuere Betrachtung von Leiningers Theorie und setzt sich mit dieser im Text sehr kritisch auseinander. Nach Leininger hat die Kultur einen stark prägenden Charakter, u.a. auf das Fürsorge-, Gesundheits- und Sozialverhalten. Als Merkmal ethnisch oder national bestimmter Gruppen wird Kultur, so Habermann, aber zu einer statischen Größe! Dies hat zur Folge, dass komplexe Wirklichkeiten reduziert, Stereotypisierungen gefördert und interkulturelle Pflegeprobleme unzureichend dargestellt werden. (H., S.157-158)

Habermann betont, dass die Identität der Menschen von Pluralen Welten bestimmt wird und jeder Mensch Anteil an unterschiedlichen soziokulturellen Welten hat. (H., S.158) Die Bedürfnisse des Migranten werden bei Leiningers Modell auf Grund seiner Herkunft bestimmt. Dabei werden aber spezifische biografische Erfahrungen und entsprechende eigene interkulturelle Kompetenzen nicht beachtet! Schließlich verfügt jeder Mensch über ein eigenes kulturelles Repertoire. Erlernte Verhaltensmuster werden immer situationsabhängig aktiviert! Ein jeder, Migrant oder Einheimischer, pendelt in seinem Verhalten zwischen „Tradition" und „Moderne" oder entwickelt daraus etwas neues! (H., S. 158) Ein weiterer, wichtiger Kritikpunkt Habermanns ist, dass bei Leiningers Betrachtungsweise politische und ökonomische Determinanten des Gesundheits- und Krankheitsverhaltens vernachlässigt werden und Problemstellungen „kulturalisiert" werden. Armut und soziale Ungleichheit können starken Einfluss auf das Gesundheits- und Krankheitsverhalten haben! (H., S. 158-159) Komplexe Ursachen und Wirklichkeiten werden auf die kulturelle Herkunft reduziert, dies kann leicht eine weiteren Ausgrenzung von Migranten fördern. (H., S. 159) In einem andern Text Habermanns, zum selbigen Thema, prangert sie ebenfalls Leinigers Betonung der anderen (fremden) Herkunftskultur an und schlussfolgert treffend: „Nicht eine Hilfestellung für die Fremden ist die Folge, sondern ein Festlegen auf die Konturen des Fremden und damit eine weitere Ausgrenzung."(Habermann, M., 1997, S.56) Habermann betont des weiteren, dass die Kultur einfach nicht an Menschen konkret festgeschrieben werden kann. „„Kultur" ist keiner kohärenten Beschreibung einfach verfügbar." (H., S.159) Wichtig ist vielmehr, dass eine individuelle Pflege, welche menschliche, biografische, soziale Bedürfnisse beachtet, angeboten wird. Kulturspezifische Besonderheiten sollten individuell, niemals pauschal erfasst und berücksichtigt werden. „Kulturspezifische Erwartungen bzw. Wahrnehmungen im interkulturellen Pflegekontext bedürfen der kontinuierlichen Individualisierung im Pflegeprozess." (H., S.159) Patienten stellen niemals eine homogene Gruppe dar! Die Pflege von Menschen umfasst immer verschiedenste Kulturen, Subkulturen, Nationalitäten und eine Vielzahl ethnischer Gruppen. Die Strategie kulturspezifisches Wissen zu erwerben und zu sammeln, kann nur begrenzt sinnvoll sein! (H., S. 159 – 160) Des weiteren weist die Autorin auf die Tatsache hin, dass die Thematisierung der „anderen", ohne eine Thematisierung eigener Probleme, Befindlichkeiten und Strukturen, wenig produktiv wirkt. (Habermann verweißt hier auf Bielefeld 1992, Bukow und Llaryola 1988.) Viele Probleme im interkulturellen Kontext sind hausgemacht! Dies belegt auch die schon erwähnte Frankfurter Studie (Hunstein und Dreut, 1997 in H., S. 159): Probleme mit unserem Gesundheitswesen resultieren nicht primär aus kulturellen Unterschieden, werden aber durch diese verstärkt. Die Ursachen hierfür sind laut Studie:

➢ Kommunikationsprobleme

➢ Institutionelle Rahmenbedingungen

➢ Kulturell bedingte Vorurteile

➢ Unterschiedliches Verständnis von Gesundheit und Krankheit.

6. Strategien und Modelle zur Verbesserung der interkulturellen Pflegepraxis

Aufgrund der oben geschilderten pflegewissenschaftlichen Auseinandersetzung kommt Habermann zu der Feststellung: „...Die Strategie, kulturspezifisches Wissen zu erwerben, (kann) nur begrenzt sinnvoll sein. Wichtig scheint vielmehr, die Aufmerksamkeit auf generelle Kompetenzen zur interkulturellen Verständigung und gesicherte strukturelle Voraussetzungen für gelungene interkulturelle Pflegeleistungen zu richten." (H., S. 160)

Um die interkulturelle Pflege in der Praxis zu verbessern, fordert die Autorin strukturelle Veränderungen und bietet folgende strategische Lösungen an (H., S. 160- 164):

a) Integration von Migranten in die Pflegeausbildung

Die interkulturelle Pflegesituation kann schon verbessert werden, wenn vermehrt Migranten zur Ausbildung zugelassen bzw. für die Pflegeberufsausbildung gewonnen werden. Etwas irritierend und widersprüchlich ist an dieser Stelle Habermanns Bemerkung, dass es wohl schwierig sei, insbesondere muslimische Migranten für den Pflegeberuf zu begeistern. Sie vermutet die Ursache in Rollenerwartungen für Pflegende in der Bundesrepublik, welche nicht denen der Ursprungsländer entsprechen. Ich denke, dass sie sich hier, angesichts der vorherigen Diskussion, widerspricht. Auch muslimischen Migranten sind keine homogene Gruppe! Ursachen sollte man besser auch hier vielmehr in Bereichen der Bildungs- und Einwanderungspolitik Deutschlands suchen! (H., S. 160- 164)

b) Interkulturell orientierte Curricula in der Aus- und Weiterbildung von Pflegeberufen

Wenn überhaupt kulturelle Kompetenzen in Aus- und Weiterbildungen von Pflegeberufen entwickelt, gefördert oder gelehrt werden, dann erfolgt dies meist lediglich nur additiv. Oft werden einfach nur zusätzliche Unterrichtsstunden zu dem Thema angesetzt. In Folge wird zwar Problembewusstsein erzeugt. Insgesamt aber werden die Kursteilnehmer eher verunsichert. Das angebotene Rezeptwissen würde zudem auch hier einer nötigen individualisierten Pflege von Migranten nur entgegen wirken. Habermann fordert deshalb den integrativen Erwerb von kulturübergreifenden, interkulturellen Kompetenzen in Aus- und Weiterbildungen. Das Thema sollte im Lehrstoff sämtlicher Unterrichtsfächer integriert sein! (H., S. 160- 164)

c) Interkulturell orientiertes Pflegemanagement

Um migrantengerechtere Pflege anbieten zu können, müssen die Strukturen auch von Seiten der Leitungsebenen und des Managements aus verändert werden. Schon aus wirtschaftlichen Gründen, dem stetig wachsenden Konkurrenzdruck werden sich Pflege- und Gesundheitseinrichtungen interkulturell Orientieren müssen! Zur Ermittlung institutioneller Voraussetzungen für eine interkulturell orientierte Versorgung sollten hier Maßnahmen der Qualitätsentwicklung /-sicherung, sowie die Entwicklung von Pflegeleitbildern und Pflegestandards genutzt werden. Habermann weißt auf die Möglichkeit hin, dass hier das Pflegemanagement der Einrichtungen mit Dozenten und Studierenden von Pflegestudiengängen in Form von (Transfer-) Projekten, Praktikas, u.ä. zusammenarbeiten könnten. Diese Kooperation wäre dann eine Alternative, bei der alle Seiten einen Nutzen gewinnen würden. (H., S. 160- 164)

d) Professionelle Sprachvermittlung

Kommunikationsprobleme sind bekanntlich eine Hauptschwierigkeit in der interkulturellen Pflege. Eine nötige Vermittlung von professionellen Dolmetschern scheitert oft bei der Übernahme der dann anfallenden Kosten. Krankenkassen sind hierzu jedenfalls auch nicht verpflichtet. Große Kliniken verfügen aber oft schon über einen eigenen hausinternen Dolmetscherdienst. Dieser besteht meist aus sprachkundigen nicht einheimischen Mitarbeitern, welche in unterschiedlichsten Funktionen und Fachbereichen angestellt sind. Diese Mitarbeiter, welche z.b. aus den Bereichen der Pflege, Labor, Technik oder Gebäudereinigung kommen, bilden eine Art Pool und können bei Bedarf zu Übersetzungsdiensten herangezogen werden. Habermann verweist aber darauf, dass diese hausinternen Kräfte für diese Arbeit adäquat freigestellt werden sollten. Das Übersetzen darf nicht zu einer unentgeltlichen Extraleistung gerechnet werden. Häufig werden diese Mitarbeiter von den ausländischen Patienten wie ein „Rettungsanker", als einzige verstehende Bezugsperson, betrachtet. Um Überforderungen und Fehlleistungen zu vermeiden, sollten darum Fortbildungen und begleitende Supervisionen angeboten werden. (H., S. 160- 164)

Auf kommunaler oder regionaler Ebene sind zur kontinuierlichen Sicherung der sprachlichen Verständigung in der interkulturellen Pflege ein Dolmetscheraustausch und eine interdisziplinäre Zusammenarbeit ebenfalls sinnvoll.

7. Weitere Überlegungen zur individuellen, migrantengerechten Pflegekompetenz

Leininger stützt sich „auf den klassischen Kulturbegriff der Ethnologie, welcher „Kulturen" als in sich geschlossene Einheiten bzw. „komplexe Ganzheiten" definiert. Dieses Kulturkonzept beruht auf der Kulturdefinition von Tyler (Tyler, E. B., 1871). Dieser bezeichnet Kultur als komplexes Ganzes, welches Wissen, Glaubensvorstellungen, Kunst, Moral, Gesetze, Bräuche und alle anderen Fähigkeiten und Eigenschaften, die man als Mitglied einer Gesellschaft erwirbt, einschließt. Im Vordergrund steht also die Homogenität einer „Kultur": Alle Menschen, die aus dieser „Kultur" kommen, haben gleiche oder sehr ähnliche Wertvorstellungen." (Domenig, D., 2001, S.142) Tatsache jedoch ist, „dass die fremde Welt ja immer schon aus vielen Wirklichkeiten bestand. Aus den Frauen- und Männerwelten, den Welten der Mächtigen und der Habenichtse, der Alten und der Jungen. Erst die um Ordnung bemühte Wissenschaftliche Sicht reduzierte die Vielfalt auf eine Einheit." (Habermann, M., 1997, S.58) Genau auf dieser Ebene, der Beachtung der Vielfalt der Welten, muß die Pflege ansetzen! Wir brauchen eine individuelle Sichtweise! Die Herkunftskultur, Ethnie oder Nationalität kann für die interkulturelle Pflege nicht die grundlegende Basis sein, denn: „welche Bedeutung erhält das Merkmal der Nationalität, wenn wir einen türkischen Vegetarier, eine niederländische Nonne oder einen senegalesichen Homosexuellen pflegen?"(Kollak, I. , Küpper, H., 1997, S. 120) Das interkulturelle Konfliktpotential in einer Pflegebeziehung zwischen einer z.B. 17-jährigen Schwesternschülerin und eines vom (u.a.) Nationalsozialismus geprägten 85-jährigen Klienten besteht ebenso, wie zwischen einer Pflegekraft und einem Migranten, der vielleicht aus dem Sudan kommt.

Was aber sind denn nun die Kompetenzen, die eine individuelle und auch für Migranten gerechte Pflege ausmachen? Habermann zeigt uns Strategien und Modelle zur Verbesserung der interkulturellen Pflegepraxis. Diese beziehen sich aber eher auf strukturelle Voraussetzungen für gelungene Pflegeleistungen. Sie fordert u.a. den integrativ angelegten Erwerb von kulturübergreifenden, interkulturellen Kompetenzen in Aus- und Weiterbildungen, erläutert aber nicht, was diese Kompetenz denn ausmachen und kennzeichnen könnte, ohne zu einer Ansammlung von Rezeptwissen und/ oder „Wissen von Kulturmerkmalen" zu verfallen. Monika Habermann stellt zwar an anderer Stelle fest: „ Pflegende haben derzeit noch wenig Wissen über migrationsspezifische, soziokulturelle und krankheitsspezifische Problemlagen der Migranten." (Habermann, M., 2000, S. 77) und fordert die Integration des interkulturellen Wissens in die Aus- und Weiterbildung. Sie sagt aber in den mir bekannten Texten wenig dazu, wie dieses denn inhaltlich gestaltet werden soll. Auf der Suche nach einer konkreteren „Kompetenzbeschreibung" fand ich in der Literatur das „Transkulturelle Kompetenzmodell" von Dagmar Domenig. (Domenig, D., 2001, S.146) Es ist ein Versuch zu beschreiben, was denn diese „pflegerische Kompetenz" beinhalten soll. Als, wie ich denke, wichtige Ergänzung möchte ich diese Überlegungen nun kurz vorstellen:

Domenig setzt sich ebenfalls kritisch mit den Theorien Leiningers auseinander und stellt fest: „Will man nämlich MigrantInnen situationsgerecht pflegen und mit ihnen verständlich und differenziert kommunizieren, muss man sich auch die dafür notwenigen Voraussetzungen aneignen. Die teilweise unterschiedlichen Sichtweisen und Bedürfnisse von MigrantInnen erfordern zudem keine unikulturellen Konzepte und routinierte Handlungsweisen, sondern große Flexibilität oder eben `ein breites Repertoire an Methoden und Techniken´... Es geht also nicht darum, für MigrantInnen ein spezifisches Pflegemodell zu konstruieren, da eine professionelle Pflege auch eine auf die Bedürfnisse von MigrantInnen angepasste, situationsgerechte Pflege einschließen muss. Transkulturelle Kompetenz ist demnach Teil der professionellen Pflege." (Domenig, D., S. 147)

Domenig fordert eine „Transkulturelle Kompetenz", die sich sehr wohl von der „Transkulturellen Pflege" Leiningers unterscheidet bzw. abgrenzt. (Domenig, D., 2001, S.142)

Nicht die Kultur, sondern die Interaktion zwischen Pflegenden und Gepflegten (Migranten) sollte im Zentrum stehen und diese das „Aufeinandertreffen von unterschiedlichen Lebenswelten und Lebenserfahrungen." beinhalten. Nach Domenig besteht die „Trankulturelle Kompetenz" im Kern aus einer transkulturell kompetenten Interaktionsfähigkeit im Migrationskontext und stützt sich auf die drei Pfeiler: Selbstreflexivität, Empathie im Umgang mit Migranten und Hintergrundwissen/ Erfahrung. (Domenig, D., 2001, S. 148)

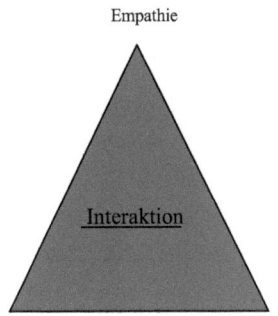

Empathie

Interaktion

Wissen/ Erfahrung   Selbstreflexion

„Transkulturelle Kompetenz" (Quelle: Domenig, D., 2001, S. 148)

Unter Selbstreflexion versteht sie die Fähigkeit, die eigene Lebenswelt bewusst zu machen, Unbewusstes und Selbstverständliches zu hinterfragen und erst danach auch die Lebenswelt der Patienten mit Migrationshintergrund möglichst wertneutral zu erfassen. „Erst dann darf ich dazu übergehen, die Gesamtsituation zu beurteilen, entsprechende Handlungen abzuleiten und eine angepaßte Pflege zu planen und durchzuführen" (Domenig, D., 2001, S.149)

Empathie beinhaltet hier: „Engagement, Interesse und Neugier bzw. das Sich-den-PatientInnen- zuwenden". (Domenig, D., 2001, S. 150) Domenig betont, wie wichtig gerade in der Auseinandersetzung mit den Fremden die Neugier und Aufgeschlossenheit ist. Meist wird jedoch „im medizinisch- therapeutischen Ausbildungsbereich der Schwerpunkt auf Abgrenzung und Wahrung der professionellen Distanz gelegt, kaum werden Lerninhalte vermittelt, die aufzeigen, wie man empathische Nähe herstellen kann." (Domenig, D., 2001, S. 150)

Eingebunden, als dritter Pfeiler der Kompetenz zur transkulturellen Interaktionsfähigkeit, sind das Hintergrundwissen und die Erfahrung. Wie nun schon mehrmals erwähnt, sollte das Wissen eben nicht „kulturgebunden" sein, sondern beispielsweise Konzepte genereller Art beinhalten, zum Beispiel (Domenig, D., 2001, S. 149-150):

- Das Konzept der individuum- und familienzentrierten Gemeinschaft
- Medizinethnologische Konzepte:
  - z.B. „Illness/ Disease- Konzept" von Kleinman (unterteilt Krankheit in Kranksein = Patientensicht, Krankheit = Sicht der Mediziner)
  - z.B. Modell des Medizinpluralismus (= mehrere, oft von Patienten parallel benutzte Gesundheitssysteme, wie: „Laiensystem", „Folk-Sektor", professionelles System)
- Soziokulturell geprägte Vorstellungen über Gesundheit und Krankheit (z.B. „Der Böse Blick)

Natürlich müssen aber eben auch migrationsspezifische Hintergründe Teil des Wissens sein. Im Speziellen sollten Pflegende Wissen besitzen, über:

- den Zusammenhang zwischen Migration und Gesundheit
- migrationsspezifische Lebensbedingungen und Lebensrealitäten
- migrationsspezifische Zugangsbarrieren zur Gesundheitsversorgung
- Kenntnisse über verschiedene Kommunikationsformen und Ausdrucksweisen

Dieses Hintergrundwissen sollte eben nicht nur befähigen die „richtigen Fragen zu stellen, sondern auch die Antworten kontext- und situationsgerecht interpretieren zu können".

(Domenig, D., 2001, S 149- 151)

Domenig weißt darauf hin, dass das Wissen nicht nur „über die kognitive Ebene, sondern auch über die konkrete Erfahrungsebene einverleibt" werden kann. (Domenig, D., 2001, S. 150)

Domenigs Beschreibung des „migrationspezifischen Wissens" und die Einordnung in das „Transkulturelle Kompetenzmodell" verstehe ich als Hilfe für die Ausübung und den Transfer von professioneller Pflege. Es sei hier als Ergänzung zu Habermanns Text gedacht.

8. Zusammenfassende Schlussbetrachtung

In ihrer kritischen Auseinandersetzung mit der aktuellen Pflegesituation zeigt uns Habermann, wie wenig kundenorientiert die hiesige Pflege derzeitig arbeitet. Eine angemessene Versorgung, welche die individuellen Bedürfnisse zugezogener und auch einheimischer K lienten berücksichtigt, wird kaum umgesetzt. Die Ursachen sieht Habermann weniger am mangelnden Willen, sondern eher am mangelnden Problembewusstsein und an fehlenden Lösungsstrategien, in bestehenden Kommunikationsproblemen und unterschiedlichen Rollenerwartungen.

Sehr kritisch setzt sich die Autorin mit dem Modell Leiningers auseinander. Anschaulich verdeutlicht Habermann, wie wenig hilfreich und wie stigmatisierend es ist, wenn kulturspezifische Daten gesammelt und nach Herkunft katalogisiert werden. Der Leser kommt hier zu der Erkenntnis: Nicht die Herkunft, sondern die ganz eigenen persönlichen und individuellen Bedürfnisse des jeweils einzelnen Klienten sollten berücksichtigt werden. Dieses gilt für einheimische als auch für zugezogene Patienten! Hier liegt, nach meiner Meinung, auch die Hauptaussage und der inhaltliche Schwerpunkt des ganzen Aufsatzes! Aus dieser Feststellung entwickelt Habermann Lösungsmöglichkeiten. Sie fordert eine interkulturelle Ausrichtung der gesamten Pflegeausbildung, des Pflegemanagements in den Einrichtungen, und eine professionelle Sprachvermittlung. Ihre Vorschläge empfinde ich als erfrischend praxisnah, bin aber etwas irritiert über ihre Bemerkung, wie schwierig es sei, Menschen mit muslimischen Traditionen für die Pflege zu begeistern. Diese Aussage ist, nach meiner Meinung, einfach zu plakativ und widerspricht ihrer eigenen Kritik an Leininger wenige Zeilen zuvor.

Mit ihrem Beitrag regt Monika Habermann sehr zum nachdenken an, fordert nahezu eine eigene Reflexion der interkulturellen Praxis und Verständnisses heraus. Zur weiteren Anregung und als mögliche Ergänzung verwies ich auf die Ausführungen von D. Domenig, welche die Interaktionsfähigkeit zwischen unterschiedlichen Lebenswelten und Lebenserfahrungen als grundlegenden Bestandteil einer "Transkulturellen Kompetenz" sieht, zu der man Empathie, Selbstreflexion und Wissen benötigt.

Habermann zeigt, wie wichtig eine kritische pflegewissenschaftliche Auseinandersetzung ist. Sie verweist auf mögliche Ressourcen für eine patientengerechte Qualitätsentwicklung.

Ich finde ihren Beitrag ausgesprochen interessant, mutig und angesichts der aktuellen rassistischen Bedrohungen von Migranten in unserer Gesellschaft, als längst überfällig und aktuell. Zugleich ist er auch ein Appell an die größte Berufsgruppe im Gesundheitswesen zu mehr

Verantwortung, zum stärkeren Einbringen von Erfahrungen und Nutzen von Ressourcen für eine individuellere, migrationgerechtere Pflege.

9. Literaturverzeichnis

Alban, S.; Leininger, M.M.; Reynolds, C.L.: Multikulturelle Pflege, München, Jena, Urban & Fischer Verlag, 2000

Banning, H.: Bessere Kommunikation mit Migranten. Ein Lehr- und Trainingsbuch, Weinheim, Belz Verlag, 1995

Blaschke; J.: Multikulturalismus – Polyethnische Gesellschaften – Kulturelle Veränderung, In Berliner Institut für Vergleichende Sozialforschung: Jahrbuch für Vergleichende Sozialforschung 1992, Edition Parabolis, 1994, S. 179-185

Domenig, D. (Hrsg.): Professionelle Transkulturelle Pflege, Bern, Göttingen, Toronto, Seattle, Verlag Hans Huber, 2001

Dörner, G.; Hüllemann, K.-D.; Tembock, G.; Wessel, K.-F.; Zanker, K. S.(Hrsg.): Menschenbilder in der Medizin – Medizin in den Menschenbildern, Berliner Studien zur Wissenschaftsphilosophie & Humanogenetik, Band 16, Bielefeld, Kleine Verlag, 1999

Georg, J.; Frowein, M. (Hrsg.): Pflege Lexikon, Wiesbaden, Ullstein Medical, 1999

Gerrish, K.; Husband, Ch.; Mackenzie, J.: Nursing for a Multiethnic Society, Buckingham, Open University Press, 1996

Habermann, M.: Vom Umgang mit dem Fremden – Der Beitrag der Ethnologie zur Pflege, In Uzarewicz, Ch.; Piechotta, G.: Transkulturelle Pflege. Curare - Sonderband 10, Berlin, VWB Verlag für Wissenschaft und Bildung, 1997

Habermann, M.: Pflegebedürftig in der Fremde? Zur Theorie und Praxis der interkulturellen Pflege, In David, M.; Borde, T.; Kentenich, H.: Migration und Gesundheit – Zustandsbeschreibung und Zustandsmodelle, Frankfurt am Main, 1998

Habermann, M.: Der Beitrag der Pflege zur Verbesserung der gesundheitlichen Versorgung der Migranten und Migrantinnen in der Bundesrepublik Deutschland, In Gardemann, J.; Müller, W.; Remmers, A. (Hrsg.): Migration und Gesundheit: Perspektiven für Gesundheitssysteme und öffentliches Gesundheitswesen, Tagungsdokumentation und Handbuch, Band 17, Düsseldorf, Akademie für öffentliches Gesundheitswesen, 2000, S.73-80

Howell, W.: The Empathic Communicator. Berlmont, CA, Wadsworth, 1992

Hunstein, D., Dreut, M.: Kopf draußen – Füße drin. Wie erleben Patienten aus anderen Kulturen das deutsche Gesundheitswesen? , Pflege 5, 1997, S. 252 - 257

Imhof, K.: Die Ethnisierung des Politischen oder die diskontinuierliche Problematisierung kollektiver Identität, In Berliner Institut für Vergleichende Sozialforschung (Hrsg.): Jahrbuch für Vergleichende Sozialforschung 1992, Edition Parabolis, 1994, S. 157

Kellnhauser, E.; Schewior-Popp, S.; Ausländische Patienten besser Verstehen, Stuttgart, New York, Georg Thieme Verlag, 1999

Kollak, I. ; Küpper, H.; Multikulturalität am Beispiel des Neuköller Krankenhauses in Berlin, In Uzarewicz, Ch. ; Piechotta, G.: Transkulturelle Pflege. Curare - Sonderband 10, Berlin, VWB Verlag für Wissenschaft und Bildung, 1997

Pochanke-Alff, A.: Interkulturelle Kompetenz in der öffentlichen Gesundheitsversorgung von Migrantinnen und Migranten – Eine Untersuchung ausgewählter öffentlicher Gesundheitseinrichtungen für die Planung eines interkulturellen Gesundheitszentrums in Berlin, Magisterarbeit im Ergänzungsstudiengang Public Health/ Gesundheitswissenschaften an der TU Berlin, Berlin, 1997

Trockel, B.: Who is Who in der Pflege, Bern, Göttingen, Toronto, Seattle, Huber-Verlag, 1999, S. 188-190)

Tylor, E. B.: Primitive Culture. J. Murray, London, 1871

Uzarewicz, Ch. : Transkulturalität, In Kollak, I. , Kim H. S. (Hrsg.), Pflegetheoretische Grundbegriffe, Bern, Göttingen, Toronto, Seattle, Verlag Hans Huber, 1999

Zimmermann, E.: Kulturelle Mißverständnisse in der Medizin- Ausländische Patienten besser versorgen, Bern, Hans Huber Verlag, 2000